8° Z
LE SENNE
11623

FERRET - 1972

LES HALLES CENTRALES
DE PARIS

CONSTRUITES SOUS LE RÈGNE

DE

NAPOLÉON III

PAR V. BALTARD & F. CALLET
ARCHITECTES

M. LE Bon HAUSSMANN ÉTANT PRÉFET DE LA SEINE

PRIX : 1 FR. 25 CENT.

PARIS
A. MOREL ET Cie, LIBRAIRES-ÉDITEURS
18, RUE VIVIENNE
1862

AVIS

Les personnes qui désirent visiter les Halles centrales doivent s'adresser au gardien stationnant au pavillon n° 8.

LES
HALLES CENTRALES
DE PARIS

CONSTRUITES SOUS LE RÈGNE

DE

NAPOLÉON III

PAR V. BALTARD & F. CALLET

ARCHITECTES

M. LE Bon HAUSSMANN ÉTANT PRÉFET DE LA SEINE

PARIS

A. MOREL ET Cie, LIBRAIRES-ÉDITEURS

18, RUE VIVIENNE

1862

LES
HALLES CENTRALES
DE PARIS.

Il est un reproche qu'on adresse volontiers aux architectes de notre époque : c'est celui de n'avoir rien su innover, de faire des constructions solides, gracieuses peut-être, mais sans cachet, sans caractère distinctif. Jamais on ne restaura les vieux monuments avec plus de goût, avec plus d'entente : jamais on ne sut faire revivre avec plus de talent et de fidélité les errements des siècles passés, et les travaux exécutés dans ces dernières années à l'Hôtel de Ville, à la Sainte-Chapelle, à Notre-Dame, à Saint-Leu, à Saint-Étienne-du-Mont, sont des chefs-d'œuvre en ce genre. Ces restaurations habiles dénotent sans doute dans l'école actuelle une science profonde de l'histoire de la construction, de bonnes études archéologiques ; mais parmi les bâtiments sans nombre qui s'élèvent aujourd'hui à Paris et dans la province, en est-il beaucoup qui portent un caractère bien net, bien tranché ? En est-il beaucoup qui personnifient, pour ainsi dire, leur époque, comme la colonnade du Louvre et Versailles personnifient le siècle de Louis XIV, comme la Sainte-Chapelle personnifie le XIIIe siècle, cette ère féerique et brillante de l'architecture du moyen âge ?

Nous ne sommes point de ceux qui font à notre époque le

reproche d'impuissance et de plagiat, et nous expliquons par un tout autre motif l'absence de caractère que quelques-uns signalent dans notre architecture. Notre siècle est essentiellement positif : il veut jouir et jouir vite. L'architecture a dû suivre le courant des idées du siècle, et, pour lui plaire, elle a lutté avec lui de vitesse et de confortable. Faire vite tout en faisant bien, rechercher l'économie dans la construction, la commodité dans les aménagements intérieurs, profiter des nouveaux éléments que la science et l'industrie mettaient à sa disposition, telle a été sa préoccupation constante. Sous la pression des idées modernes, poussée par le progrès qui marche toujours, l'architecture a revêtu une forme nouvelle : cette forme, c'est l'architecture industrielle, véritable type créé par le xixe siècle, tel que l'ont manifesté les gares de chemins de fer et leurs dépendances, et dont les Halles centrales resteront, à notre avis, comme une des réalisations les plus complètes.

Parmi les moyens que l'architecte met en œuvre, les éléments qui prennent la première place sont assurément les matériaux. Leur rôle est d'autant plus important dans la construction d'un édifice, que leurs qualités, leurs dimensions, leurs propriétés étaient plus développées et définies à l'époque de la construction, et chez le peuple qui l'a conçue. Aussi, la nature des matériaux et le parti plus ou moins grand que la science et l'industrie savent tirer de ces éléments, influent-ils sur le caractère monumental de chaque époque, de chaque nation.

Les Athéniens construisaient leurs temples en marbre pentélique, dans un pays où les carrières de marbre sont sous la main, où la fréquence des tremblements de terre faisait, de l'excès même de solidité, une des premières lois de l'architecture. A Rome, la plupart des monuments étaient en briques cuites : en France, la vogue est à la pierre de taille. Dans les pays où les bois abondent, l'architecture se distingue par la simplicité et une certaine apparence de légèreté, inséparable de cet élément végétal. Vienne le fer, avec ses dimensions si commodes, avec la solidité et la flexibilité que l'industrie perfectionnée de ces derniers temps a permis d'atteindre, et l'on verra s'ouvrir toute une nouvelle ère : les portées et les vides s'accroissent, on franchit sans soutiens intermédiaires des espaces considérables. Le pont de Britannia, en Angleterre, est jeté sur un bras de mer avec des travées de 130 mètres : en France, on couvre d'un parapluie de fer, aux Halles centrales, 20,000 mètres de superficie.

Qu'est-ce qu'une Halle, me direz-vous? — J'ouvre le Dictionnaire de Bouillet, et je trouve au mot *halle* la description suivante :

« *Halle* (en allemand *halle*, vaste emplacement, salle), c'est à pro-
« prement parler un lieu destiné à l'emmagasinement et à la vente
« d'objets d'une utilité première, qui s'y rendent par fortes parties,
« et presque toujours pour l'approvisionnement des magasins et des
« boutiques, où ces objets sont revendus en détail. Ainsi l'on dit
« la halle aux cuirs, la halle aux toiles, etc. Mais vulgairement on
« prend Halle comme synonyme de marché, et c'est alors, dans les
« villes un peu considérables, une place publique destinée à réunir
« toutes les marchandises et denrées, particulièrement celles qui
« servent à la vie, comme les légumes, les grains, etc. La plupart
« des halles sont closes et couvertes. »

L'origine des halles, en France, date du règne de Philippe-Auguste. Autrefois les cimetières et les marchés se touchaient ; souvent même le marché s'emparait, à jours fixes, du cimetière, et les pieds des vendeurs foulaient sans scrupule le sol bénit et les fosses de ceux qui n'étaient plus. Paris, pendant longtemps, suivit sous ce rapport la loi commune.

L'espace de terrain, actuellement occupé par les Halles centrales, ne fut d'abord qu'un vaste marécage, que la culture changea en prés, sous le nom de *Champeaux*, à l'époque où Lutèce tenait encore entière dans l'île de la Cité. Quand la population toujours croissante se vit forcée de passer la Seine pour chercher sur la rive droite sa place d'air et de soleil, les prés ne tardèrent pas à se partager en marché et en cimetière, ces deux nécessités premières de toute agglomération humaine, et les Champeaux devinrent, sous les auspices de sainte Opportune et plus tard des saints Innocents, un lieu spécialement affecté à la sépulture pour les morts, et au trafic pour les vivants. Cet usage, qui peut nous paraître à bon droit bizarre, mais qui alors semblait tout naturel, subsiste encore dans certaines provinces de France, et dans la plupart des cantons catholiques en Suisse. En 1183, Philippe-Auguste acheta des administrateurs de la maladrerie de Saint-Lazare une foire qu'il transféra au marché des Champeaux : pour donner aux vendeurs la facilité d'abriter leurs marchandises, il fit construire sur ce terrain des étaux couverts, y réunit les deux marchés qui se tenaient auparavant dans la Cité et devant l'ancienne église de la Madeleine, et entoura cet espace d'une muraille percée de portes qui se fermaient pendant la nuit. Telle fut l'origine de l'établissement qu'on nomme aujourd'hui les Halles.

Les Halles, qui portèrent longtemps leur nom primitif de Marché des Innocents, s'étendirent en proportion de la population qui venait chaque jour y chercher sa vie, et chaque siècle y marqua pour ainsi dire son empreinte par des améliorations et des accroissements successifs.

C'est en 1550, sous le règne de Henri II, que Pierre Lescot éleva, sur un terrain dépendant du prieuré des Innocents, une sorte de loge d'agrément, dont Jean Goujon fut chargé de faire la sculpture et les bas-reliefs. Cette loge se composait de trois arcades, dont deux arcades donnant sur la rue Saint-Denis, et une seule sur la rue aux Fers. Trois petites gueules de lions, isolées dans la hauteur du mur de terrasse, jetaient de minces filets d'eau. Ces trois arcades devinrent plus tard l'élément de la fontaine monumentale qui, après avoir occupé pendant longtemps le centre du marché, orne aujourd'hui le nouveau square des Innocents. Il est inutile d'ajouter que, dans ces transformations diverses, on a conservé avec soin l'architecture de Pierre Lescot et la sculpture de Jean Goujon.

En 1762, les magistrats de la ville de Paris acquéraient, en vertu de lettres patentes, et pour la somme de 28.367 livres, l'emplacement de l'ancien *hôtel de Soissons*, situé rue de Viarmes, et démoli en 1748, après la mort de Victor-Amédée de Savoie, son dernier propriétaire. Sur ces emplacements, la ville faisait construire un édifice destiné à la vente et à l'entrepôt des blés et des farines. Commencée en 1763, cette nouvelle halle, de forme circulaire, fut achevée en 1772, sur les dessins et sous la direction de Le Camus de Mézières. La face extérieure de ce monument a le caractère massif et solide des édifices destinés à l'utilité publique datant de la même époque. Elle est percée de 28 arcades au rez-de-chaussée, et d'autant de fenêtres qui éclairent l'étage supérieur. On monte à cet étage par deux escaliers, placés à égale distance l'un de l'autre, et très-remarquables par leur appareil. Chaque étage est couvert de voûtes composées en pierres de taille et en briques. La coupole, telle que nous la voyons aujourd'hui, fut élevée en 1812, sur les dessins de M. Brunet, habile architecte. Construite avec des fermes de fer coulé, et couverte de lames de cuivre, cette nouvelle coupole a remplacé l'ancienne charpente, détruite par le feu en 1802. Grâce à ce procédé, un pareil accident n'est plus à craindre.

En 1786, Louis XVI faisait élever, sur les dessins de Legrand et Molinos, la Halle aux toiles, vaste hangar qui, resserré par les rues de la Poterie et de la Petite-Friperie, s'allonge lourd et froid comme un monument funéraire, entre la rue de la Tonnellerie et le marché des Innocents.

A la même époque, une mesure de prudence faisait fermer le cimetière des Innocents. Depuis des années, ce foyer d'infection permanent, au centre d'un quartier populeux, avait ému les chefs de la salubrité publique. En 1785, à la suite d'un éboulement attribué à la dépression des corps dans les fosses, défense fut faite de continuer les inhumations. Au bout de quelque temps, le cloître ou portique à arcades qui entourait le cimetière fut démoli ; l'ancienne terre, fouillée profondément, fut transportée, avec les ossements qu'elle contenait, dans les carrières du sud de Paris, connues depuis sous le nom de Catacombes ; le sol, en grande partie renouvelé, fut pavé, et le marché put s'étendre de la rue Saint-Denis jusqu'à la rue du Marché-aux-Poirées et à la rue de la Lingerie. Au centre de la place, s'éleva la fontaine de Jean Goujon.

En 1813, on construisit tout autour de ce marché des galeries en bois pour abriter les marchands. Enfin, la Restauration marquait à son tour son passage aux Halles centrales par trois nouvelles constructions : le marché à la viande, entre les rues du Four, des Deux-Écus et des Prouvaires (1818), le marché au beurre (1822), dont le lourd bâtiment s'étendait en trapèze entre la rue de la Cossonnerie, la rue des Prêcheurs et la Halle aux poissons (1822) qui occupait l'emplacement de l'ancien pilori, dit Carreau de la Halle.

Telles étaient encore les Halles en 1848, et ceux qui les ont vues à cette époque se rappelleront longtemps ce fouillis de constructions hybrides, entassées, pressées pêle-mêle, cette agglomération informe de maisons irrégulières, de galeries à piliers, d'abris mal ordonnés, séparés par des rues étroites, des carrefours, des impasses, où les denrées s'étalaient à tout hasard, soit en boutique, soit en plein vent, soit même sur le pavé des rues. Puis, pour parvenir à ce dédale, pour le rendre plus inabordable et plus embarrassé encore, des rues sombres et allongées, où deux voitures de front passaient à peine : la rue de la Fromagerie, la rue du Marché-aux-Prouvaires, la rue de la Réale, la rue du Plat-d'Étain et tant d'autres ! Certes, c'était là un tableau saisissant, beau de désordre et de pêle-mêle ; le spectacle devait être unique, et plus d'une fois le poëte et le philosophe ont pu y aller étudier des étrangetés de mœurs que notre époque ne connaîtra plus : le peintre y retrouvait une image du chaos, quelque chose des kermesses flamandes, du pandémonium de Milton ; les lourdes charrettes allaient et venaient, heurtant à chaque borne cet incroyable ramassis de bâtisses ; on ne voyait que marchands, chalands et portefaix, peuple bruyant, remuant, affairé ; tout cela se poussant, s'esquivant, et, pour couvrir le tout, les cris des boutiquiers, les clameurs du marché, les aboiements des chiens. C'est dans une promenade à la Halle, un matin, alors que la rumeur s'élève sonore et discordante, houleuse et babillarde, que notre grand compositeur Auber trouva, dit-on, une de ses inspirations les plus originales : ce chœur du marché, qui devait figurer un jour comme une belle page dans un de ses plus beaux opéras, la *Muette de Portici*.

Mais le chaos qui plait aux poëtes est à bon droit l'épouvante des hommes pratiques.

Là où le premier ne recherche que le pittoresque, les seconds recherchent surtout le commode et l'utile. Aussi, depuis longtemps, la nécessité de transformer un pareil état de choses avait frappé les yeux des chefs de la municipalité parisienne.

En 1811, un décret impérial avait décidé la reconstruction des Halles; les événements politiques de 1812 et des années suivantes ne permirent pas de donner suite à ce premier projet. Ce ne fut qu'en 1842 que la question de reconstruction se présenta de nouveau, et fut étudiée sous ses divers points de vue par des commissions spéciales qui, en 1845, arrêtèrent un programme très-détaillé et impératif, d'après lequel deux architectes, MM. Victor Baltard et Félix Callet furent chargés par l'administration municipale de rédiger des projets. Six ans plus tard, M. Berger, préfet de la Seine, ayant approuvé les projets présentés par ces deux architectes, la première pierre des nouveaux bâtiments fut posée, en 1851, par le prince Louis-Napoléon, alors Président de la République.

A cette époque déjà, les métaux s'étaient introduits dans la construction, en augmentant chaque jour le domaine de leurs applications. Ce n'était plus seulement des combles d'édifices, des travaux de consolidation des parties principales, que l'on exécutait avec cette matière; les gares de chemins de fer avaient donné une idée de ce que l'art pouvait attendre de l'introduction d'un nouvel élément dans l'architecture; des ouvrages entiers, des tabliers de ponts, des planchers, des combles, des couvertures d'édifices érigés récemment à Paris et dans la province étaient là pour attester l'importance toute nouvelle des constructions en métal et les garanties que ce mode d'édification pouvait offrir comme solidité, commodité et élégance.

En faisant élever ce pavillon de pierre qui se voit en face de Saint-Eustache, on avait évidemment fait fausse route. Les architectes ne furent pas les derniers à le sentir et, à la suite d'une visite faite par l'Empereur sur le chantier, les travaux furent suspendus, le système de construction en pierre fut abandonné, et un nouveau projet, où la fonte et le fer formaient presque à eux seuls les éléments de tout l'édifice, fut présenté par MM. Baltard et Callet à l'approbation de l'Empereur. On se mit aussitôt à l'œuvre, et, sous l'impulsion de M. Haussmann qui venait de remplacer M. Berger comme préfet de la Seine, le corps de l'Est, composé de six pavillons, ne tarda pas à sortir de terre.

Ce gigantesque travail, qui doit couvrir un jour quatre hectares de terrain, peut nous donner, tel qu'il est aujourd'hui, une idée de ce que sera l'ensemble du monument après son complet achèvement. Jamais cette alliance heureuse du confortable et de l'élégance, de l'utile et du solide, n'aura été plus heureusement combinée dans une construction mieux entendue. Nulle part l'association étrange, au premier coup d'œil, de l'art et de l'industrie, n'aura rencontré une plus belle occasion de montrer ce qu'elle peut faire, avec l'aide d'interprètes habiles.

Disons tout d'abord que le but cherché a été complètement atteint. Sur ce vaste espace compris entre les rues de la Tonnellerie et de la Cossonnerie, de Rambuteau et de la Petite-Friperie, à la place de ce rendez-vous de halles et de marchés, constructions bizarres et disparates de tous les ordres, de toutes les époques, s'élèvent aujourd'hui six pavillons légers et aériens, véritable palais de fonte et de cristal, uniforme sans être monotone, simple et élégant tout à la fois, d'une hardiesse rare, mais qui n'exclut point la solidité, cette première condition de toute architecture.

L'ensemble de cette immense construction, lorsqu'elle sera achevée, comprendra deux grands corps de halles, composé chacun de six pavillons. Le corps de l'Est est terminé; le corps de l'Ouest, qui sera à peu près semblable au premier, est en cours d'exécution.

La Halle au blé, dont nous avons donné plus haut une description détaillée, subsiste dans le plan général, et formera pour ainsi dire la tête de l'ensemble des constructions. La forme circulaire de ce monument a obligé les architectes à donner la forme concave aux façades de deux pavillons qui relieront les Halles centrales à la Halle

VUE EXTÉRIEURE DU CORPS DE L'EST, PRISE DE LA RUE DE RAMBUTEAU

au blé. Toutes les constructions encore existantes entre la rue de la Tonnellerie et la rue de Viarmes doivent donc disparaître un jour : par suite de cette nouvelle prise de terrain, les Halles, une fois achevées, couvriront un espace de 20,000 mètres par chaque corps de bâtiment, soit 40,000 mètres pour les douze pavillons. Et en faisant entrer dans le total le terrain occupé par les rues de service, et le pourtour, spécialement réservé au commerce et à la circulation, nous arrivons à une superficie de 80,000 mètres.

La Halle au blé, bien entendu, n'est pas comprise dans ce calcul, non plus que les deux îlots qui sont en avant. Cette partie des constructions sera occupée par l'administration, les corps de garde et les autres services.

Les douze pavillons seront numérotés par la gauche, à partir du n° 1 jusqu'au n° 12 ; la Halle au blé, comme nous l'avons dit plus haut, étant considérée comme tête de ligne, et formant à elle seule une œuvre à part, chaque pavillon aura sa destination spéciale, et le commerce y sera réparti de la manière suivante :

1° CORPS DE L'OUEST, EN COURS D'EXÉCUTION :

N° 1. Viande de porc, charcuterie, triperie, issues de porc, en gros, demi-gros et détail. Ce pavillon comprendra en outre deux bancs de vente à la criée. Superficie........ 2,000^m

N° 2. Volaille et gibier, demi-gros et détail.......... 2,000

N° 3. Viande de boucherie, bœuf, veau, mouton, en gros, demi-gros et détail. Plus cinq bancs de vente à la criée. Ce pavillon contient 96 boutiques, desservies par environ 2,000 mètres courants de suspensions à crochets. Superficie. 2,900

N° 4. Volaille et gibier en gros, plus six bancs de vente à la criée. Superficie.................... 2,900

N° 5. Vente en gros, le matin, et vente en menu détail dans la journée, des fruits, verdure, fleurs coupées, plantes médicinales, gros légumes...... 2,270

N° 6. Même destination que le pavillon précédent. Ces deux pavillons contiendront un total de 800 étalages mobiles. Superficie .... 2,270^m

2° CORPS DE L'EST, TERMINÉ DEPUIS 1858 :

N° 7. Vente en détail et en demi-gros des fleurs et des fruits. 330 boutiques à places fixes 2,270

N° 8. Vente de la verdure. 330 boutiques à places fixes. 2.270

N° 9. Vente en gros, à la criée, et en détail, de la marée, du poisson d'eau douce et de la saline. Ce pavillon contient 9 bancs de vente, 216 places fixes, et 40 étalages mobiles 2,900

N° 10. Vente en gros, à la criée, des beurres, œufs et fromages. 2 bancs de vente 2,900

N° 11. Vente en gros, demi-gros et détail, des huîtres. 4 bancs de vente, 60 places fixes 2,270

N° 12. Vente en détail des beurres, œufs et fromages. 170 boutiques sont réservées à cette branche de commerce. Un même nombre de boutiques est réservé, dans le même pavillon, à la vente de la viande cuite, des pommes de terre, oignons, champignons, pains, ustensiles de ménage. Superficie 2,270

Ce qui nous donne pour les douze pavillons une superficie de 29,220

Et en y comprenant le terrain occupé par les rues couvertes, soit 10,780

Nous arrivons à un total général de .... 40,000^m de terrain clos et abrité ; superficie qui se trouve doublée par les caves qui en occupent toute la partie inférieure.

PLAN GÉNÉRAL

Les deux grandes sections des Halles seront séparées par un boulevard de 32 mètres de largeur.

La pierre n'entre presque pour rien dans la construction des nouvelles Halles. Elle ne figure, dans ce vaste ensemble, que dans les murs de pourtour des caves et comme soubassement d'un mur de brique qui forme l'enceinte inférieure de chacun des pavillons.

La brique elle-même n'est visible qu'à l'intrados des voûtes des caves et dans le mur de revêtement, formé de compartiments blancs et rouges, soigneusement appareillé, et qui, sur une hauteur de $2^m,60$, réunit entre elles les colonnes de fonte.

Au-dessus de cette muraille commence le système de ventilation. M. Baltard, qui, depuis la mort de son collègue M. Callet, arrivée en 1855, était seul à diriger les travaux, avait là deux écueils à redouter. D'un côté, l'on pouvait craindre une température insupportable sous une toiture que les plans annonçaient comme devant être exclusivement de zinc et de verre. De l'autre, un système de ventilation mal entendu pouvait faire geler en hiver ces mêmes marchandes que la toiture métallique se chargeait de rôtir en été. M. Baltard s'est tiré heureusement de ce mauvais pas, et les dames de la Halle n'ont eu qu'à se louer des procédés, pleins d'égards, de leur architecte ordinaire.

L'air et la lumière entrent de toutes parts par des baies ouvertes tout autour de l'édifice. Seulement, pour rendre le courant moins rapide et ne pas permettre à la lumière de jouer avec trop de vigueur dans l'intérieur de l'édifice, ces baies ont été à demi fermées par des lames en cristal dépoli. Ce nouveau genre de persiennes a sur les lames de bois et de fer le double avantage d'adoucir les rayons solaires sans intercepter la lumière, et de donner à l'édifice un cachet aussi gracieux qu'original. Un vaste lanternon, muni, comme les baies, de vitres de cristal dépoli, couronne la toiture de zinc de chacun des pavillons. Grâce à la position oblique des lames de cristal qui ferment les baies inférieures, le courant ventilateur s'établit de bas en haut par les ouvertures verticales des lanternons, et la lumière, venue d'en haut par ces mêmes ouvertures, éclaire le centre des pavillons, qui aurait pu manquer d'air et de jour, sans cette heureuse prévoyance. Pour ajouter encore à cet ensemble de précautions, une double épaisseur de planches et de voliges sépare de la masse d'air de l'intérieur les feuilles de métal qui composent la toiture. Aussi, l'expérience de plusieurs étés a-t-elle constaté que l'intérieur des pavillons se maintenait en moyenne à deux ou trois degrés au-dessous de la température ambiante.

Si maintenant nous pénétrons dans l'intérieur des pavillons nous verrons apparaître partout ce même esprit d'ordre, d'élégance et de commodité qui nous a déjà frappés à l'extérieur.

De larges rues couvertes qui, à elles seules, occupent une superficie de près de onze mille mètres, relient les pavillons l'un à l'autre, et facilitent les transports, les déchargements et la circulation.

Dans les pavillons, munis d'étalages fixes, chaque marchande a sa boutique propre portant son nom et son numéro d'ordre ; le premier, écrit en blanc sur une plaque de tôle à fond bleu ; le second, placé au-dessus, et se détachant en blanc sur une rondelle peinte en rouge. Chaque stalle couvre environ deux mètres carrés : un treillage à larges mailles sert de séparation ; ce treillage est soutenu par d'élégantes colonnettes en fonte. Sur le devant, une plaque de marbre rosé forme l'étal et recouvre une sorte de cage à claire-voie et fermant à clef, qui peut au besoin servir de comptoir. Cette disposition est uniforme pour les pavillons réservés à la vente des volailles, du beurre en détail, des fruits et des légumes.

A la Halle aux poissons, le coup d'œil n'est plus le même. Quarante-deux groupes de tables de marbre sont disposés symétriquement sur un terrain égal à celui que mesure la rotonde de la Halle au blé. Chaque groupe de tables doit servir à quatre marchandes, stationnant au centre de chaque groupe de tables. On entre dans l'espace réservé par deux entrées ménagées sur deux faces opposées : cet espace est lui-même divisé en deux par un treillage de fer. De cette façon, chaque marchande se trouve avoir devant elle un comptoir de marbre à deux façades, dont elle occupe un des angles rentrants. Chacune de ces tables, posée en pente pour l'étalage du poisson et l'écoulement des eaux, est munie d'un robinet versant l'eau à volonté, et permettant de tenir l'étalage dans un état constant de fraîcheur et de propreté. Chaque place de vente pour le poisson d'eau douce est pourvue en outre de bassins alimentés d'eau courante, où le poisson peut séjourner vivant jusqu'au moment de la vente.

L'eau et le feu jouent un grand rôle dans l'aménagement intérieur des nouvelles Halles. Depuis longtemps l'expérience a démontré les inconvénients nombreux des fontaines jaillissantes, au milieu d'un marché. Les architectes ont sagement tenu compte de cette observation.

Huit fontaines sont établies dans les quatre pavillons d'angle de chaque corps de halles. Ces fontaines ne donnent l'eau qu'à volonté, et selon les besoins du commerce ou les exigences de la salubrité. Dans ce dernier cas, l'eau circule, suivant l'occurrence, soit sur le sol pour aider au lavage, soit dans des caniveaux couverts, pour l'écoulement journalier.

Si l'eau abonde, le gaz éclaire les moindres recoins de l'édifice. Autrefois les marchandes qui tenaient à y voir la nuit fournissaient elles-même la lumière : aujourd'hui, un vaste système d'éclairage permet de prolonger la vente longtemps après la chute du jour. Le nombre des becs de gaz qui éclairent le seul corps de l'Est n'est pas moindre de six cents : grâce à cette clarté tutélaire, les arrivages de nuit peuvent se pratiquer avec facilité, et l'heure n'est plus un arrêt pour le classement des marchandises. On a même pourvu aux illuminations des jours de fêtes.

Les canaux qui répandent à profusion l'eau et le feu dans cette vaste féerie de pierre et de fonte correspondent directement aux conduites principales des eaux et du gaz de la ville de Paris. Pour éviter une interruption dans le service des fontaines et des robinets des étaux, un réservoir central a été établi, lequel est assez vaste pour fournir d'eau tous les jets distributeurs des Halles, au cas où des réparations inévitables entraîneraient le chômage momentané des conduites principales. La réparation et l'entretien de ces canaux ne présentent du reste aucune difficulté : la canalisation générale ayant lieu par une longue série de tuyaux suspendus d'une manière apparente et facilement accessible aux voûtes des caves.

Ce mode de canalisation nous amène tout naturellement à parler de la partie souterraine de l'édifice, et ce n'est certes ni la moins bien entendue, ni la moins originale.

La masse des étrangers que chaque saison nouvelle amène à Paris, un grand nombre de Parisiens même ne se doutent pas que sous ces rues brillantes qui coupent en tous sens la ville immense s'étendent comme autant de rues sombres, merveilleuse complication de voies souterraines, qui, sous le nom d'égouts, de canaux pour le gaz, pour les eaux, pour les fils électriques, sont les véritables artères de la grande cité. Moins connues que leurs sœurs privilégiées qui s'étalent au grand jour entre deux lignes de monuments sans nombre, elles poursuivent dans l'ombre et sans bruit leur œuvre de philanthropie et d'hygiène : là vit une population à part qui a ses mœurs, son langage et son costume ; et celui à qui il serait donné de soulever tout d'un coup l'écorce qui recouvre cette ville souterraine et d'en sonder à loisir les profondeurs méconnues n'éprouverait pas moins de saisissement que le voyageur qui découvre tout à coup une cité romaine sous les cendres du Vésuve. Comme le reste du sol parisien, les Halles centrales se composent de deux parties distinctes : l'une qui vit, qui se meut, qui s'élance et miroite à la lumière; l'autre qui vit aussi, qui agit, mais dans une sphère inférieure. Conséquence de la première, celle-ci a, comme sa sœur, sa raison d'être et son importance : manquante, elle ferait obstacle au fonctionnement de l'ensemble; par sa présence, elle l'équilibre et le complète.

Du reste, ne vous effrayez pas d'avance : la ville est souterraine, c'est vrai, mais l'accès est des plus faciles. Chaque pavillon a son sous-sol correspondant, creusé sous la même étendue : on y descend par de larges escaliers, à douces montées; la lumière est distribuée sagement par des soupiraux munis soit de grilles, soit de vitres-dalles et par un nombre suffisant de becs de gaz. Des colonnes en fonte, écartées de 6 mètres de distance, soutiennent les voûtes, qui, dans l'endroit le plus massif, ne mesurent pas un mètre entre leur intrados et le sol du rez-de-chaussée, pour se réduire au milieu à moins de 0^m.30^c. Ces voûtes, dites à arêtes, sont en brique légère, les arêtiers sont en fonte, le remplissage des reins en béton ; le tout appareillé avec un soin minutieux a produit, avec le temps, un amalgame assez solide pour que les fardeaux énormes qui l'éprouvent chaque jour ne l'aient pas ébranlé dans la moindre de ses parties. Dans toute l'étendue des caves s'élèvent symétriquement de petites loges en treillage de fer, portant chacune un numéro, correspondant au chiffre des loges supérieures. Ces cabines, largement aérées, servent de resserre aux marchandes, qui peuvent, en toute saison, y conserver fraîches leurs denrées et leurs provisions. Ces resserres sont au nombre de 1,200 pour les pavillons actuellement construits. Sous quelques-uns des pavillons, ce système de cabines est remplacé par diverses constructions à l'usage des services généraux. Ici, c'est un abattoir pour les marchandes de volailles; là, c'est un atelier pour le lavage et la malaxation du beurre; plus loin, des dépôts de paniers, un long réservoir d'eau courante, à compartiments fermés pour le poisson d'eau douce, des magasins de salines. Dans cette cave obscure se fait chaque matin, à la clarté de la chandelle, l'opération du *mirage* des œufs, opération délicate qui consiste à reconnaître à la transparence de la lumière si l'œuf est sain ou altéré; c'est une spécialité que celle de mireur d'œufs, spécialité assez lucrative, paraît-il, ce qui surprendra moins quand on saura que les six cent mille œufs qui se vendent chaque jour à Paris doivent subir avant la vente cette redoutable épreuve. Personne n'ignore, du reste, qu'aucune des denrées, qui se consomment à Paris, viandes, volailles, gibier, légumes, champignons, n'échappe à la surveillance des experts-jurés, nommés par l'administration.

Tout a été prévu dans ce magnifique ouvrage : chaque partie concourt à la perfection de l'ensemble. Il ne s'est pas présenté un accident durant la construction, un inconvénient souvent, que l'architecte n'ait su convertir en une bonne aubaine. Des sources nombreuses avaient été rencontrées dans les travaux de défoncement ; loin de laisser se perdre dans le sol ces infiltrations, qui auraient pu nuire du reste à la solidité des travaux, on a eu l'heureuse idée de les colliger dans des réservoirs profonds ; une pompe, placée à l'orifice d'un de ces exutoires, élève dans une vaste cuve de tôle l'eau qui se trouve ainsi à la disposition des différents services. Cette disposition est surtout profitable à l'atelier de malaxation des beurres, pour lesquels l'eau de puits et de source est essentiellement convenable.

On a pris soin de prévoir dans ces caves l'établissement possible d'un chemin de fer. Ce projet, longtemps débattu, ne peut moins faire que de recevoir tôt ou tard une solution favorable. Des rues souterraines, placées au-dessous des rues couvertes, pourront mettre, à jour dit, les Halles en communication avec les voies souterraines du boulevard de Sébastopol : trois voies, deux d'arrivée, une de retour, aboutiraient directement à la gare de Strasbourg, et, grâce à la ligne de ceinture, amèneraient sous terre, au chef-lieu de la vente, les marchands et leurs produits. Il ne manque à cette ligne que les rails et les plaques tournantes, pour lesquelles des emplacements libres sont ménagés à chaque carrefour.

La dépense totale de la construction des douze pavillons des Halles s'élèvera environ à quinze millions. Le corps de l'Est a coûté huit millions ; on compte sept millions seulement pour le corps de l'Ouest, qui occupe une superficie moins étendue, en raison de la forme concave des deux pavillons qui seront dans le voisinage de la Halle au blé. Ce calcul porte le mètre de superficie à 380 francs environ, y compris toutes les constructions et tous les aménagements intérieurs, généraux et spéciaux.

Les travaux qui ont nécessité la dépense des huit millions, déboursés pour le corps de l'Est actuellement construit, peuvent se résumer ainsi :

    90,000 mètres cubes de terre fouillée et enlevée ;
    18,000 mètres cubes de béton ;
    1,800,000 briques ;
    600,000 kilogrammes de fonte pour les caves ;

200,000 kilogrammes de fonte pour colonnes et supports au-dessus du sol ;

700,000 kilogrammes de fer pour fermes, arcs, châssis, grilles ;

20,000 lames de persiennes en cristal dépoli.

Les travaux, commencés pour ce même corps en 1854, étaient terminés en 1857. Espérons qu'aucun obstacle ne viendra contrarier l'achèvement du second corps, dont un pavillon est déjà construit. Les charcutiers de la rue des Prouvaires sont installés provisoirement dans l'ancienne Halle aux draps ; le marché des Prouvaires se démolit, un huitième pavillon s'élève à la même place.

Bonne chance au huitième pavillon, et aux quatre pavillons complémentaires qui doivent couronner ce grand œuvre !

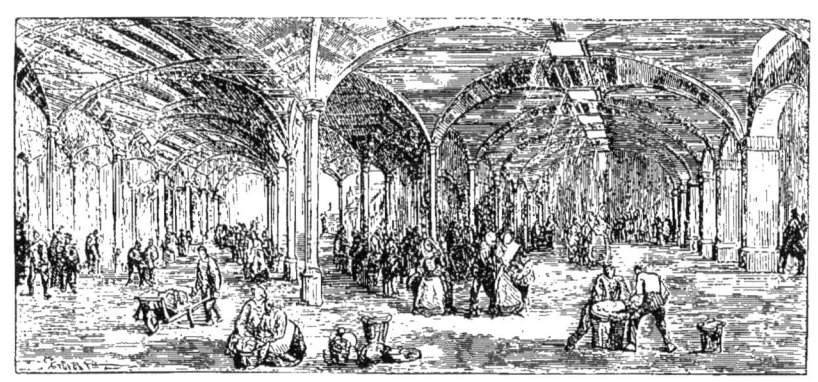

VUE DES CAVES

CATALOGUE
A. MOREL ET Cie, LIBRAIRES-ÉDITEURS
OCTOBRE 1862

EN PRÉPARATION POUR PARAITRE EN 1863

MONOGRAPHIE

DES

HALLES CENTRALES DE PARIS

CONSTRUITES SOUS LE RÈGNE DE NAPOLÉON III

M. LE BARON HAUSSMANN ÉTANT PRÉFET DE LA SEINE

PAR

V. BALTARD ET F. CALLET

ARCHITECTES

Cette monographie se composera d'environ trente-six planches gravées, grand in-folio, et d'un texte même format.

PRIX :

EN FEUILLES, 60 FRANCS; EN UN VOLUME RELIÉ, 65 FRANCS

ARCHITECTURE — CONSTRUCTION

REVUE GÉNÉRALE D'ARCHITECTURE, par M. César Daly.—Abonnement annuel :
Paris .... 40 fr.
Départements............ 45
19 volumes ont paru. — Prix ... 760
Le 20e vol. est en cours de publication.
 Cette revue, honorée d'une première médaille à l'Exposition universelle des Arts et de l'Industrie de Paris, en 1855, et à celle de 1862 à Londres, s'occupe spécialement de l'histoire, de la théorie et de la pratique des constructions.
1° Histoire : archéologie monumentale de tous les temps et de tous les pays ;
2° Théorie : recherches esthétiques et scientifiques intéressant l'architecture ;
3° Pratique : Toutes les applications de l'art de bâtir : maçonnerie, charpente, couverture, menuiserie, serrurerie, peinture, etc.
 Décorations, ameublement, ponts, canaux, édifices publics, habitations de ville et de campagne, bâtiments ruraux, inventions nouvelles, produits industriels nouveaux, salubrité et jurisprudence de bâtiment, etc. ;
4° Mélanges : Enfin toutes les nouvelles administratives, industrielles, artistiques, scientifiques, des travaux publics, des concours, etc., sont données mois par mois dans cette revue, ainsi que les nouvelles du jour, les nouvelles biographiques, nécrologiques, etc., de nature à intéresser les lecteurs

L'ARCHITECTURE PRIVÉE AU XIXe SIÈCLE (sous Napoléon III), par M. César Daly. — Nouvelles maisons de Paris et des environs. — *Plans, élévations, coupes; détails de construction, de décoration et d'aménagement.* — Constructions de Paris. — Constructions des environs de Paris.—Détails divers. — 2 volumes in-folio composés de gravures sur acier, de chromolithographies à plusieurs couleurs d'une très-belle exécution et d'un texte illustré par des gravures sur bois. — Chaque volume se composera d'environ 30 livraisons. — Prix de la livraison de 4 planches : 4 fr. — Six pages de texte illustrées représenteront une planche gravée ; une chromolithographie représentera trois planches gravées. — 42 livraisons sont en vente.

LA GAZETTE DU BATIMENT. — Revue et annonces des matières premières, des machines, des procédés et des produits employés dans la construction, — adjudications, etc. — *Maçonnerie, charpente, menuiserie, serrurerie, peinture, ameublement.* — Prix de l'abonnement annuel. Paris et départements........ 15 fr. Étranger, port en sus.

Le journal paraît deux fois par mois et est adressé, moyennant un supplément de 5 fr. par an, à tous les abonnés à la *Revue générale d'Architecture et des Travaux publics*, dirigée par M. César Daly.

ARCHITECTURE ALLEMANDE AU XIXᵉ SIÈCLE. — Recueil de maisons de ville et de campagne, villas, chalets, kiosques, décorations intérieures, décorations de jardins, etc., publié par une Société d'architectes allemands. — Il paraît tous les deux mois un numéro composé de 6 planches, imprimées avec teintes, et d'une page de texte original avec la traduction en regard. — Abonnement annuel pour la France, 24 fr., payables d'avance. L'abonnement date du mois de juillet 1860, et a commencé avec le 41ᵉ numéro de l'édition allemande.

CATHÉDRALE DE BAYEUX, reprise en sous-œuvre de la Tour Centrale, par MM. De Dion et Lasvignes, ingénieurs civils, anciens élèves de l'École centrale. — Un beau volume in-4° de plus de 100 pages de texte, avec gravures intercalées et 25 planches gravées dont 4 doubles. Prix .... 30 fr.

MONOGRAPHIE DU PALAIS DE FONTAINEBLEAU, dessinée et gravée par Rodolphe Pfnor, accompagnée d'un texte historique et descriptif, par M. Champollion-Figeac, bibliothécaire au palais impérial de Fontainebleau. Cet ouvrage se composera de 75 livraisons composées, chacune, de 2 planches gravées, ou d'une planche gravée double, ou en chromolithographie. — Prix de la livraison :

In-fol. jésus sur pap. blanc..... 4 fr.
— sur pap. de Chine.. 5
In-fol. colomb. sur pap. blanc... 5
— sur pap. de Chine. 6

Il paraît deux livraisons par mois. Les éditeurs prennent l'engagement de fournir, gratuitement aux souscripteurs, toute livraison qui paraîtrait en sus des 75 annoncées.

MONOGRAPHIE DU CHATEAU DE HEIDELBERG, dessinée et gravée par Rodolphe Pfnor, accompagnée d'un texte historique et descriptif, par Daniel Ramée. — 24 planches gravées (in-folio), renfermées dans un carton.
Prix .... 50 fr.
Sur papier de Chine.......... 62

ÉGLISE SAINT-JACQUES A LIÉGE, par Delsaux, mesurée et dessinée par l'auteur. — Gr. in-folio, composé de 15 planches gravées. Prix........................ 25 fr.

L'ARCHITECTURE PITTORESQUE EN SUISSE ou choix de constructions rustiques prises dans toutes les parties de la Suisse, dessinées et gravées par A. et E. Vanin. — 48 planches gravées in-4°, renfermées dans un carton. — Prix .... 45 fr.

MONOGRAPHIE DE NOTRE-DAME DE PARIS, par Celtibère, et de la nouvelle sacristie de MM. Lassus et Viollet-Le-Duc. — Un vol. in-folio, composé de 80 planches, dont 5 chromolithographies, par M. Lemercier, et 12 photographies, par MM. Bisson frères. — Prix............... 120 fr.

LA SAINTE-CHAPELLE DU PALAIS A PARIS (histoire archéologique, descriptive et graphique), rédigée, dessinée et peinte par Decloux et Doury, architectes. — 20 planches in-folio en chromolithographie constituent la partie graphique la plus importante de cet ouvrage ; de belles planches gravées par M. Guillaumot donnent les plans, coupes et ensemble de la Sainte-Chapelle. L'architecture traitée d'une manière succincte laisse la plus large part à l'ornementation. — Le texte, imprimé avec un grand luxe typographique sur papier de choix, est orné à chaque page de belles vignettes imprimées en couleur. — Prix, texte et planches dans un carton .... 70 fr.

MONUMENTS D'ARCHITECTURE, DE SCULPTURE ET DE PEINTURE D'ALLEMAGNE, depuis l'établissement du christianisme jusqu'aux temps modernes, publiés par Ernest Forster, texte traduit de l'allemand. — Cet ouvrage est publié en livraisons, composées chacune de 2 planches gravées sur acier par les premiers artistes de l'Allemagne, d'après les dessins exécutés spécialement pour cette publication par les architectes les plus habiles, sous la direction de M. Forster. — Chaque monument est accompagné d'un texte historique, descriptif et critique. — Prix des 4 premiers volumes.................. 150 fr.

On vend séparément :

Architecture, 2 vol............. 80
Peinture...................... 50
Sculpture..................... 50

MAISONS ET CHALETS D'ALLEMAGNE. — Un volume petit in-folio composé de 36 planches extraites de publications allemandes. — Prix...................... 20 fr.

LES MAISONS DE PLAISANCE LES PLUS CÉLÈBRES DE ROME ET DE SES ENVIRONS, par PERCIER et FONTAINE. — Un magnifique volume grand in-folio cartonné, contenant 77 planches représentant les plans, les vues intérieures et extérieures, les détails, etc., des principales villas de Rome, et un texte dans lequel sont intercalés un grand nombre de fragments antiques tirés de la villa Albani. — Texte et planches imprimés sur beau papier de Hollande. Prix........................ 100 fr.

BATIMENTS DE CHEMINS DE FER, par Pierre CHABAT, architecte, — Cet ouvrage renferme des dessins de *gares, stations, maisons de garde, remises de locomotives, halles à marchandises, remises de voitures, réservoirs, cabinets d'aisance, lampisteries, etc., etc.*, qui par leurs dispositions ont paru sur toutes les lignes de chemins de fer offrir le plus d'intérêt. — Le premier volume, composé de 100 planches, est en vente. — Prix...... 70 fr.
Le second volume, en cours d'exécution, se composera aussi de 100 planches et paraît par livraison de 5 planches. — Prix de la livraison .... 3 fr. 50

CHOIX D'ÉDIFICES PUBLICS construits ou projetés en France, extraits des archives du Conseil des bâtiments civils, publiés avec l'autorisation du MINISTÈRE DE L'INTÉRIEUR. — 67 livraisons grand in-folio, composées de 388 planches gravées au trait, formant 3 volumes, avec des notices relatives aux édifices dessinés. — Prix...... .. 268 fr.

LES DIX LIVRES D'ARCHITECTURE, par VITRUVE, avec les notes de Perrault. — Nouvelle édition, revue, corrigée et augmentée d'un grand nombre de planches et de notes importantes, par E. Tardieu et A. Coussin fils, architectes. — 3 vol. in-4° reliés à la Bradel en 2 volumes. — Prix .... 35 fr.

HABITATIONS OUVRIÈRES ET AGRICOLES, par Émile MULLER. — *Cités, bains, lavoirs, sociétés alimentaires.* — 1 vol. grand in-8°, accompagné d'un atlas de 45 planches in-folio, contenant les détails de construction, les formules représentant chaque espèce de maison, et donnant son prix de revient dans tous pays, les statuts, règlements et contrats, suivis de conseils hygiéniques, par le docteur CLAVEL. — Prix........................ 40 fr.

LES CONSTRUCTIONS EN BRIQUE. — (Ouvrage allemand, avec l'explication des planches en français.) Composées par LOUIS DEGEN. — Un vol. in-fol., contenant 48 planches imprimées en couleur. — Prix... 32 fr.

LES CONSTRUCTIONS EN BOIS. — (Ouvrage allemand, avec l'explication des planches en français.) Ouvrage destiné à toutes les industries qui ont trait au bâtiment et à l'enseignement des écoles spéciales, par LOUIS DEGEN. — Un vol. in-folio, contenant 48 planches imprimées en couleur. — Prix........................ 32 fr.

LA MARBRERIE, par Louis GILBERT. — 120 planches gravées représentant des travaux de marbrerie, monuments funéraires, cheminées, autels, dallages, etc. — L'ouvrage complet renfermé dans un carton........................ 90 fr.

MONUMENTS FUNÉRAIRES — (*Vues, perspectives, plans, coupes, élévations et détails de*), par G. UNGEWITTER. — In-folio de 48 planches gravées sur acier. — Prix........................ 40 fr.

TRAITÉ THÉORIQUE ET PRATIQUE DE LA CONSTRUCTION DES PONTS MÉTALLIQUES, par MM. L. MOLINOS et C. PRONNIER, ingénieurs civils, anciens élèves de l'École centrale. — Un fort volume in-4°, illustré d'un très-grand nombre de gravures sur bois et de gravures sur acier du même format, accompagné d'un grand atlas de magnifiques gravures contenant 48 demi-feuilles grand aigle. — Ce Traité renferme une étude complète de toutes les questions qui se rattachent à la construction des ponts métalliques. — Prix. 125 fr.

PARALLÈLE DES THÉATRES. — Ouvrage d'un grand intérêt et d'une utilité réelle pour MM. les architectes, se composant de deux parties. La première contient 91 planches représentant les principaux théâtres de l'Europe (*plans, coupes, élévations,*) à l'échelle de 5 millimètres par mètre; la deuxième, composée de 42 planches, comprend les *machines théâtrales françaises, allemandes, anglaises,* à l'échelle de 1 centimètre par mètre. Dessins par C. CONTENT, architecte, ancien machiniste de l'Opéra; texte par Joseph Filippi. — Prix .... 160 fr.

LES CHATEAUX DE FRANCE des XVe et XVIe siècles, dessinés d'après nature et lithographiés par Victor Petit, membre de l'Institut des provinces et de plusieurs Sociétés archéologiques. — Dans les vigoureuses lithographies qui composent ce volume, ce n'est pas le crayon seul du paysagiste qui se reconnaîtra; celui de l'archéologue et celui de l'architecte seront aussi distingués. Les Chateaux de France, fidèlement reproduits par notre habile artiste, M. V. Petit, offriront un intérêt réel aux admirateurs de monuments. — Un beau volume grand in-4° de 100 planches imprimées à teintes avec le plus grand soin. — Prix cartonné .... 80 fr.

TRAITÉ DE LA PERSPECTIVE LINÉAIRE, par J. de la Gournerie, ingénieur en chef des ponts et chaussées, professeur à l'École polytechnique et au Conservatoire impérial des arts t métiers. — Il n'avait été publié sur la perspective pratique aucun ouvrage aussi complet que le Traité de M. J. de La Gournerie, que nous offrons aujourd'hui. Il contient en outre des tracés pour les tableaux, plans et courbes, les bas-reliefs et les décorations théâtrales, une théorie des effets de perspective, et plusieurs autres entièrement nouvelles ou plus développées qu'elles ne l'avaient été; enfin le développement de toutes les applications sérieuses de la perspective linéaire, et la solution de toutes les questions qui s'y rattachent. — Un vol. in-4° avec atlas in-folio de 45 planches, dont 8 doubles. — Prix.... 40 fr.

DES CONCOURS POUR LES MONUMENTS PUBLICS dans le passé, le présent et l'avenir, par M. César Daly, architecte du Gouvernement, directeur-fondateur de la *Revue générale de l'Architecture et des Travaux publics*. — Brochure grand in-8°. — Prix .... 2 fr.

LE THÉATRE ET L'ARCHITECTE, par Émile Trélat, architecte, professeur de construction civile au Conservatoire impérial des arts et métiers. — Brochure in-8° de 120 pages. — Prix .... 2 fr.

LE BOIS DE BOULOGNE ARCHITECTURAL. — Recueil des embellissements exécutés dans son enceinte et à ses abords, sous la direction de M. Alphand, ingénieur en chef, et Davioud, architecte, mesurés et dessinés par M. Th. Vacquer, architecte, et reproduits par la chromolithographie. — 30 planches in-folio accompagnées d'un texte et d'un plan général du Bois. — Prix .... 45 fr.

FRAGMENTS D'ARCHITECTURE ET DE SCULPTURE dessinés d'après nature et autographiés par G. Bourgerel, architecte. — 100 planches in-folio quart colombier. L'ouvrage sera publié en 25 livraisons, composées de 4 planches. — La dernière livraison contiendra le titre et les tables. — Prix de la livraison .... 2 fr. Il paraîtra régulièrement une livraison par mois. — Les 14 premières sont en vente.

LES CIMETIÈRES DE PARIS. — Recueil des plus remarquables monuments funèbres avec leurs inscriptions, dessinés par Quaglia, contenant plus de 200 monuments. 24 pl. grand in-folio. — Prix .... 25 fr.

BATIMENTS DE STATIONS ET MAISONS DE GARDE, par J. P. Cluysenaar, architecte. — Cet ouvrage, dont l'auteur est architecte du chemin de fer de Dendre et Waes, et de Bruxelles à Gand, renferme un choix très-varié de constructions diverses en brique, exécutées sous sa direction, ainsi que le relevé des dépenses. — 2e édition. — 1 volume in-4°; 33 planches imprimées en chromolithographie avec texte. — Prix .... 30 fr.

MAISONS DE CAMPAGNE, châteaux-fermes, maisons de jardinier, garde-chasse, ouvriers, etc., par J. P. Cluysenaar, architecte. — Constructions rurales exécutées en Belgique avec prix de revient des matériaux, de la main-d'œuvre, etc. — 1 vol. in-4°; 50 planches imprimées en couleur, avec texte explicatif. — Prix ..... 40 fr.

TRAITÉ THÉORIQUE ET PRATIQUE DE L'ART DE BATIR, par Jean Rondelet, architecte du gouvernement, membre de l'Institut. — Ce traité est, sans contredit, le plus complet qui ait encore paru sur l'architecture, considérée dans sa partie scientifique et matérielle. Par la clarté du style et la simplicité des formules, il se trouve à la portée de tous les architectes et constructeurs. — 10e édition. — 5 volumes in-4°, accompagnés d'un atlas in-folio de 210 planches. — Prix .... 125 fr.

SUPPLÉMENT A L'ART DE BATIR, par A. Blouet, architecte du gouvernement. — Ce supplément contient le résultat de tous les progrès les plus récents de l'art de bâtir en France et à l'étranger. — 2 volumes in-4° et un atlas in-folio de 100 planches. — Prix .... 60 fr.

DÉCORATION — SCULPTURE — ORNEMENTATION
ARTS INDUSTRIELS

L'ART POUR TOUS. — Encyclopédie de l'art industriel et décoratif, sous la direction de M. Reiber, architecte. 36 numéros par an, imprimés en estampes avec blanc au dos des gravures, ce qui permet toute espèce de classement. Chaque numéro est composé de quatre estampes; chacune d'elles contient une ou plusieurs gravures de même nature, reproduisant les œuvres anciennes et modernes ayant trait à l'ornementation et à la décoration. — A chacune des estampes se trouve jointe la notice biographique et indicative du maître *en français, en anglais et en allemand.* — L'abonnement part du 10 janvier. Chaque année formera un beau volume in-folio de 144 planches. — Prix de l'abonnement annuel...................... 18 fr.

Prix de la première année composée de 25 numéros seulement, en carton. 15 fr.

JOURNAL-MANUEL DE PEINTURES appliquées à la *décoration des monuments, appartements et établissements publics,* dirigé par MM. Petit et Bisiaux, peintres-décorateurs, publié le 15 de chaque mois par numéro composé de 2 planches, dont une en chromolithographie, et d'une feuille de texte explicatif.

Abonnement annuel :
Paris et départements........... 22 fr.
L'année une fois parue se vend... 25
Prix des 12 premières années.... 300

La 13ᵉ année est en cours de publication.

LA SAINTE-CHAPELLE DU PALAIS A PARIS (histoire archéologique, descriptive et graphique), rédigée, dessinée et peinte par Decloux et Doury, architectes. — 20 planches in-folio en chromolithographie constituent la partie graphique la plus importante de cet ouvrage ; de belles planches gravées par M. Guillaumot donnent les plans, coupes et ensemble de la Sainte-Chapelle. L'architecture traitée d'une manière succincte laisse la plus large part à l'ornementation. — Le texte, imprimé avec un grand luxe typographique sur papier de choix, est orné à chaque page de belles vignettes imprimées en couleur.
— Prix, texte et planches dans un carton......................... 70 fr.

L'ART INDUSTRIEL. — Recueil de dispositions et décorations intérieures, par Léon Feuchère. — 1 vol. in-folio de 73 planches gravées par Varin frères. — Prix. 72 fr.

MONOGRAPHIE DU PALAIS DE FONTAINEBLEAU, dessinée et gravée par Rodolphe Pfnor, accompagnée d'un texte historique et descriptif, par M. Champollion-Figeac, bibliothécaire au palais impérial de Fontainebleau. Cet ouvrage se composera de 75 livraisons composées, chacune, de 2 planches gravées, ou d'une planche gravée double, ou en chromolithographie.

Prix de la livraison :
In-folio jésus sur papier blanc..... 4 fr.
— sur papier de Chine .. 5
In-fol. colombier sur pap. blanc.... 5
—. sur pap. de Chine. 6

Il paraît deux livraisons tous les mois. Les éditeurs prennent l'engagement de fournir gratuitement aux souscripteurs toute livraison qui paraîtrait en sus des 75 annoncées.

RECUEIL D'ESTAMPES relatives à l'ornementation des appartements aux XVIᵉ, XVIIᵉ et XVIIIᵉ siècles, gravées en *fac-simile* par R. Pfnor, d'après les compositions de *Du Cerceau, Daniel Marot, Lepautre, Bérain, Meissonier,* etc. — L'ouvrage entier se compose de 72 pl. in-fol. — Prix. 72 fr.

L'ORNEMENTATION AU XIXᵉ SIÈCLE. — Ouvrage dédié à l'industrie artistique, contenant des compositions de *Michel Liénard, Gsell, Rambert,* etc. — 13 planches gravées, de 72 centimètres sur 55. — Prix... 30 fr.

MEUBLES DU MOYEN AGE (*Plans, élévations, coupes et détails*), dessinés par G.-G. Ungewitter, architecte. — Un vol. in-folio de 48 planches gravées. — Prix.. 40 fr.

LES CARRELAGES ÉMAILLÉS du Moyen Age et de la Renaissance, par Émile Aimé, architecte des monuments historiques, correspondant du Ministère de l'instruction publique pour les travaux historiques. — Un beau et fort volume in-4°, composé de 90 planches imprimées en couleurs, et de plus de 60 dessins intercalés dans le texte, tiré seulement à 300 exemplaires, portant chacun un numéro d'ordre de 1 à 300. — Prix, broché .... 60 fr.

MANUEL GÉOMÉTRIQUE DU TAPISSIER, par J. VERDELET, professeur de coupe et de dessin géométrique à l'usage des tapissiers. — 2e édition, revue, corrigée et augmentée. — Cet ouvrage, qui a mérité une mention honorable à l'Exposition universelle de 1855, est publié avec l'approbation et sous les auspices de la Chambre syndicale des tapissiers de la ville de Paris, et recommandé par la Société d'encouragement. — L'auteur a résumé dans ce manuel tous les procédés pratiques que sa longue expérience lui a fait adopter. — L'ouvrage se composera d'un atlas in-folio de 61 planches renfermées dans un carton, accompagné d'un volume de texte in-8° de 320 pages, et sera publié en 20 livraisons de 2 fr. 50 cent. chacune.

ORNEMENTS TIRÉS DES QUATRE ÉCOLES. — 2 vol. in-4°. — 410 planches gravées par RIESTER, CLERGET, FEUCHÈRE, COULO, etc. — Prix...................... 120 fr.

LE DESSINATEUR POUR ÉTOFFES. — Modèles de feuilles d'étude pour les écoles industrielles, les dessinateurs d'ornement, les fabriques de tapis, de châles, de papiers peints, etc. Documents précieux pour les artistes peintres d'histoire, peintres de décoration et de vitraux d'églises, pour les archéologues et les savants, publiés d'après d'anciennes étoffes en possession de l'auteur, par Franz Bock. — 12 planches imprimées en couleur dans un carton. — Prix...................... 36 fr.

LES LÉGISLATEURS ET LES ROIS dans la salle du trône royal, à Dresde, exécutés par E. BENDEMANN. — Un joli album in-folio de 16 planches gravées par E. Goldfriedrich, et imprimées sur papier de Chine, représentant les figures en pied de Solon, Lycurgue, Zoroastre, Moïse, David, Salomon, Alexandre le Grand, Numa, Constantin le Grand, Charlemagne, Henri et son fils Otton, Conrad II, Frédéric Ier, Barberousse, Rodolphe Ier, Maximilien Ier et Albert le Courageux. — Prix....... 30 fr.

ORNEMENTS, VASES ET DÉCORATIONS, d'après les maîtres, gravés en *fac-simile* par PÉ-QUÉGNOT. — Cet ouvrage est publié par volume de 50 planches. 5 volumes sont en vente. — Prix de chaque vol..... 25 fr.

STALLES DU CHŒUR DE LA CATHÉDRALE D'AUCH, texte et dessins par L. SANCET, gravées par M. Aug. GUILLAUMOT et sous sa direction. — Les stalles du chœur de la cathédrale d'Auch sont un véritable chef-d'œuvre de l'époque de transition, participant du style ogival et de la Renaissance. L'ouvrage contient un grand choix d'ensembles et de détails de sculptures offrant aux artistes de nombreux documents pour l'exécution de leurs travaux. 60 planches petit in-folio renfermées dans un carton. — Prix............. 45 fr.

COLLECTION DES PLUS BELLES COMPOSITIONS DE LEPAUTRE, par DECLOUX, architecte, et DOURY, peintre. — Ces *fac-simile* des plus belles compositions de Lepautre sont, par la profusion et la variété des ornements, une source intarissable de documents pour l'architecte, le sculpteur et pour tous ceux qui s'occupent d'ornementation. — Un beau volume in-folio relié, contenant 100 planches gravées. — Prix........ 60 fr.

LES ORNEMENTS DU MOYEN AGE, par Ch. HEIDELOFF. — 200 planches gravées contenues dans un carton et accompagnées d'un texte explicatif. — Prix............. 130 fr.

RECUEIL DE SCULPTURES GOTHIQUES, dessinées et gravées d'après les plus beaux monuments construits en France depuis le XIe jusqu'au XVe siècle, par ADAMS, architecte. — Ce choix des plus belles sculptures gothiques sur l'ornementation et sur la statuaire de cette époque se compose de dessins assez grands pour qu'il soit possible de bien comprendre la finesse et la variété des détails, qui font le charme de presque toutes nos constructions du moyen âge, et aussi pour rendre cette publication tout à fait pratique. Elle se compose de 2 volumes in-4°, contenant chacun 96 planches gravées. — Chaque volume se vend séparément.

Prix, sur papier blanc........ 72 fr.
— — de Chine 96

LES BAS-RELIEFS DU DOME D'ORVIETO, ouvrages de sculpture de l'école des Pisani, gravés sur les dessins de Vincenzo Spontani, par Demenico ASCANI, Bartholomeo BARTOCCINI et Louis GRUNER, avec un texte explicatif rédigé par Émile BRAUN. — Dessiné avec une conscience et un talent qui valurent à l'auteur l'approbation de *Thor-*

waldsen, de *Cornélius* et d'*Ingres*, l'œuvre de Vincenzo Spontani a été gravé par M. *Louis Gruner*. Les 80 planches qui forment l'ouvrage sont accompagnées d'un texte explicatif, dernier travail du Dr *Émile Braun*, qui contribue beaucoup à faciliter l'intelligence des sujets de ces compositions. — Un volume in-folio oblong, composé de 80 planches, avec un texte explicatif. — Prix sur papier blanc avec teinte........................ 125 fr.

RECUEIL DE DESSINS relatifs à l'art de la décoration, par HOFFMANN et KELLERHOVEN. — Cet ouvrage, approuvé par la Société d'encouragement, est destiné à servir de motifs et de matériaux aux peintres décorateurs, aux peintres sur verre et aux dessinateurs de fabriques. Il se compose de 80 planches, dont 41 exécutées par les procédés chromolithographiques. Tous ces dessins, relatifs à l'art de la décoration chez tous les peuples, aux plus belles époques de leur civilisation, ont été puisés aux sources les moins connues, recueillis dans les musées et dans les bibliothèques les plus riches de l'Europe, et reproduits avec le caractère de la forme et l'identité des originaux. — Il ne reste que quelques exemplaires à la disposition des acheteurs. — Les pierres ont été effacées. — Deux vol. in-folio. — Prix... 200 fr.

ŒUVRES DE JOUANÈS BÉRAIN. — Cet ouvrage, remarquable par la diversité et la richesse de ses compositions, contient 50 planches in-folio. Ces planches, qui, toutes, ont trait à l'ornementation et à la décoration intérieures, reproduisent en *fac-simile* les œuvres du maître, dessinateur ordinaire de Louis XIV; elles représentent une grande variété de sujets heureusement traités, tels que panneaux, arabesques, frises, trumeaux, plafonds, cheminées, grilles et balcons, chapiteaux, candélabres, meubles, etc. — Prix... 50 fr.

LES MEUBLES ET ARMURES DU MOYEN AGE ET DE LA RENAISSANCE, dessinés d'après nature, dans les principaux musées et cabinets de l'Europe, et lithographiés par ASSELINEAU. — 2 volumes in-folio, 186 planches, avec texte. — Prix...... 186 fr.

DÉCORATIONS INTÉRIEURES ET MEUBLES des époques Louis XIII et Louis XIV, reproduites d'après les compositions de Crispin de Passe, L. Vredeman de Vries, Sébastien Serlius, Bérain, D. Marot, de Brosse, etc., etc., et relevés sur les monuments de ces deux époques. — 100 planches gravées à l'eau-forte par ADAMS. — L'ouvrage sera publié en 25 livraisons composées de 4 planches in-folio chacune. La dernière livraison contiendra le titre et les tables, — Prix de la livraison.......... 4 fr.

Il paraîtra régulièrement une livraison par mois. 10 livraisons sont en vente.

L'ORFÉVRERIE FRANÇAISE, LES BRONZES ET LA CÉRAMIQUE, par E. JULIENNE. — Il paraît tous les mois un numéro composé de 2 planches imprimées à deux teintes, avec légendes *en anglais, allemand et français*, format 1/4 petit colombier.

Prix de l'abonnement annuel :
Pour Paris.................... 18 fr.
Les départements............. 20

NOUVEAU PORTEFEUILLE DE L'ORNEMANISTE. 50 planches dont 5 en couleur, par PETIT et BISIAUX. — Ces planches, données dans le *Manuel de peintures* comme *types* des travaux les plus usuels de l'ornemaniste, forment une collection de modèles assez variés pour justifier le titre de l'ouvrage en le rendant vraiment utile aux artistes. — Prix, cartonné.............. 50 fr.

MOTIFS DE DÉCORATION. *Première série*, 50 planches en couleur extraites du *Journal-manuel de peintures*, par PETIT et BISIAUX, peintres décorateurs. — Choisies au milieu d'un grand nombre de modèles de décoration, les planches formant cet album sont destinées à donner à l'architecte et au décorateur les ensembles le plus souvent employés. — Prix, cartonné........................ 90 fr.

FRAGMENTS ANTIQUES DE SCULPTURES tirés de la *Villa Albani*. — La réunion de ces 25 planches, extraites du remarquable ouvrage de MM. Percier et Fontaine sur les plus célèbres maisons de plaisance de Rome et de ses environs, forme un ensemble des fragments antiques de la collection réunie avec tant d'art et de soin par le cardinal Albani dans sa villa. — Cet album est imprimé sur 1/4 jésus. — Prix, cartonné...................... 20 fr.

ORNEMENTS HISTORIQUES à l'usage des *artistes industriels, des orfèvres, graveurs, ciseleurs, fabricants de bronzes, de céramique, etc*. 150 planches extraites des ornements tirés des quatre écoles, dessinées et gravées par RIESTER, CLERGET, COULO, D'HAUTEL, DE WAILLY, WAGNER, L. FEUCHÈRE et RÉGNIER. — Un volume in-4° cartonné. — Prix.......... 60 fr.

BEAUX-ARTS — ARCHÉOLOGIE — DIVERS

MONOGRAPHIE DU PALAIS DE FONTAINEBLEAU, dessinée et gravée par Rodolphe Pfnor, accompagnée d'un texte historique et descriptif, par M. Champollion-Figeac, bibliothécaire au palais impérial de Fontainebleau. — Cet ouvrage se composera de 75 livraisons composées, chacune, de 2 planches gravées, ou d'une planche gravée double, ou en chromolithographie.

Prix de la livraison :

In-folio jésus sur papier blanc....	4 fr.
— sur papier de Chine.	5
In-fol. colomb. sur papier blanc..	5
— sur pap. de Chine..	6

Il paraît deux livraisons tous les mois. Les éditeurs prennent l'engagement de fournir, gratuitement aux souscripteurs, toute livraison qui paraîtrait en sus des 75 annoncées.

MONOGRAPHIE DU CHATEAU DE HEIDELBERG, dessinée et gravée par Rodolphe Pfnor, accompagnée d'un texte historique et descriptif, par Daniel Ramée. — 24 planches gravées (in-folio), renfermées dans un carton.

Prix........................	50 fr.
Sur papier de Chine..........	62

HISTOIRE DE LA PEINTURE SUR VERRE EN EUROPE, contenant une analyse descriptive des vitraux de Belgique, publiée en 60 livraisons, composées chacune de 8 pages de texte et d'une planche in-4°. — Les planches, en partie lithographiées en couleur, en partie gravées sur pierre, sont reproduites sur papier de Chine. — Prix de l'ouvrage complet.......... 135 fr.

L'ARCHÉOLOGIE A FAIT SON TEMPS. Considérations sur l'architecture de notre époque, par J. de La Morandière. Brochure in-8°. Prix........................ 1 fr. 50

CALQUES DES VITRAUX PEINTS de la cathédrale du Mans, par E. Hucher, correspondant des ministères d'État et de l'Instruction publique pour les travaux historiques. — Cet ouvrage, honoré d'une médaille à l'exposition universelle de 1855, reproduit d'une manière irréprochable les peintures des verrières du moyen âge. Il se composera de 10 livraisons, format grand colombier, contenant chacune 2 feuilles de texte et 10 planches coloriées avec le plus grand soin. — Prix de chaque livraison.......................... 45 fr.

La 8ᵉ livraison est sous presse.

LES VITRAUX DE LA CATHÉDRALE DE TOURNAI, dessinés par J.-B. Capronnier. — Grand in-folio de 14 planches richement coloriées, avec texte historique et descriptif. Prix........................ 100 fr.

LES VIERGES DE RAPHAEL. — Collection de 12 magnifiques gravures, par MM. Pelé, Dien, Lévy, Pannier, Saint-Ève, Metzmacher, accompagnées d'une notice sur la vie et les ouvrages de Raphaël, et d'une notice explicative sur chaque tableau. — Très-bel album. — Prix :

Sur papier de Chine.......... 120

LES SAINTS ÉVANGILES, par Overbeck. — 40 magnifiques gravures sur acier, avec un texte en quatre langues. — Album oblong sur papier de Chine. — Prix.... 120 fr.

LES VOSGES. — Album in-folio de 20 dessins, par J. Bellel, précédés d'un texte historique et descriptif par Théophile Gautier. — Prix.............. 50 fr.

Exemplaire demi-colombier sur double Chine. — Prix................. 60 fr.

LES PAVILLONS DU LOUVRE, par Baldus. — Très-belles photographies, les plus grandes qui aient été faites jusqu'à ce jour. Ont paru les pavillons Richelieu, Turgot, Sully et le pavillon de l'Horloge. — Prix de chacune des photographies.... 35 fr.

ÉGYPTE ET NUBIE, par J. Teynard, ingénieur civil. — Atlas photographié, représentant les sites les plus intéressants pour l'étude de l'art et de l'histoire. — 160 planches in-folio, accompagnées de plans et d'une table explicative. — Prix........ 960 fr.

ANNALES ARCHÉOLOGIQUES, par Didron aîné. 21 volumes in-4°, avec planches gravées au burin et des dessins intercalés dans le texte. — Prix du volume........ 25 fr.

MONOGRAPHIE DE SAINTE-MARIE D'AUCH, par l'abbé F. Caneto, vicaire général honoraire, supérieur du séminaire d'Auch. — Les 40 planches in-folio qui composent cet ouvrage et dont la description suit l'historique de Sainte-Marie d'Auch, représentent les vues, perspective longitudinale et intérieur de cette cathédrale, 18 vitraux des 10 chapelles, des autels, des pierres tumulaires, cryptes et tombeaux; elles donnent les détails des sculptures des boiseries, des sculptures sur pierre, etc. — Un volume in-folio de 160 pages. Texte historique et descriptif orné de plus de 80 vignettes et un atlas de 40 planches même format.—Prix. 60 fr.

HISTOIRE ET DESCRIPTION DE LA CATHÉDRALE DE COLOGNE, par Sulpice Boisserée. — Nouvelle édition in-4° refaite, augmentée et accompagnée de 5 planches. — Prix...................... 7 fr. 50

DICTIONNAIRE TECHNOLOGIQUE, par Gardissal et Tolhausen. — Ce dictionnaire comprend les termes techniques employés dans les arts et l'industrie, et consacrés par la pratique, en français, en allemand et en anglais.

1er vol. — français, anglais, allemand.
2e vol. — anglais, allemand, français.
3e vol. — allemand, anglais, français.
Prix des 3 volumes............ 18 fr.
2e et 3e volumes séparément..... 7

Le premier volume ne se vend pas séparément.

LES TRÉSORS SACRÉS DE COLOGNE. — Description des objets d'art du moyen âge conservés dans les églises et dans les sacristies de cette ville, par Franz Bock. Texte traduit en français. — Un volume in-8° de 25 feuilles et 48 planches hors texte.

Prix, broché............. ...... 40 fr.
Relié....................... 50

STATUTS DE L'ORDRE DU SAINT-ESPRIT au droit désir ou du nœud, institué à Naples en 1352 par Louis d'Anjou, roi de Naples, de Jérusalem et de Sicile, manuscrit du milieu du XIVe siècle conservé au Louvre, dans le musée des souverains français, reproduction *fac-simile* en or et couleurs, grandeur de l'original, par les procédés chromolithographiques de MM. Engelmann et Graf, avec une notice sur la peinture des miniatures et la description du manuscrit, par M. le comte Horace de Viel-Castel, conservateur au musée des souverains français au musée impérial du Louvre. — Un volume in-folio, demi-grand raisin sur magnifique papier Bristol, contenant 17 planches en or et couleurs, et 36 pages de texte. — Prix...... 100 fr.

PORTRAITS DES PERSONNAGES FRANÇAIS LES PLUS ILLUSTRES DU XVIe SIÈCLE, reproduits en *fac-simile* sur les originaux dessinés aux crayons de couleur par divers artistes contemporains. Recueil publié avec notices par P. C. J. Niel, gravés par A. Riffaut. — Ce beau livre, qui se recommande autant par l'intérêt des portraits qu'il renferme que par le fini de leur exécution, est un document historique important. C'est une véritable galerie des *portraitures* des personnages illustres des règnes de François Ier, Henri II, François II, Charles IX et Henri IV reproduites en *fac-simile* d'après les célèbres *crayons* de l'époque. — 2 vol. in-folio. — Prix. 200 fr.

CARTULAIRE DE L'ABBAYE DE NOTRE-DAME-DE-LA-ROCHE de l'ordre de Saint-Augustin, au diocèse de Paris, par Auguste Moutié, membre de la Société archéologique de Rambouillet, avec planches dessinées par M. Nicolle, architecte. Publié sous les auspices et aux dépens de M. H. d'Albert, duc de Luynes, membre de l'Institut, d'après le manuscrit original de la Bibliothèque impériale, enrichi de notes, d'index et d'un dictionnaire géographique; suivi d'un précis historique et de la description de l'ancienne abbaye, d'une notice sur la paroisse et la seigneurie de Lévis, et de notes historiques et généalogiques sur les seigneurs de Lévis. — Un volume in-4° de texte et un atlas de 40 pl. — Prix, texte et atlas.... ...... 66 fr.

ÉTUDE PHILOSOPHIQUE SUR L'ARCHITECTURE, par Edmond Lévy, architecte, membre de la Société d'émulation de Liége. — Mémoire en réponse à la question suivante : « Rechercher l'enchaînement des diverses architectures de tous les âges, et les rapports qui peuvent exister entre les monuments et les tendances religieuses, politiques et sociales des peuples » — Brochure in-8°. — Prix............. 3 fr.

(Couronné par l'Académie royale de Belgique.)

MÉCANIQUE — PUBLICATIONS INDUSTRIELLES

PUBLICATION INDUSTRIELLE DES MACHINES, OUTILS & APPAREILS les plus perfectionnés et les plus récents employés dans les différentes branches de l'industrie française et étrangère, par ARMENGAUD aîné, ingénieur, ancien professeur au Conservatoire impérial des arts et métiers, membre honoraire de la Société philomathique de Bordeaux, membre des Sociétés d'Encouragement, Industrielle de Mulhouse, des Ingénieurs civils, et de la Société française de Photographie. — 1º Huit planches gravées sur cuivre avec le plus grand soin et imprimées sur beau papier vélin, format in-folio; 2º Six à sept feuilles de texte explicatif, format grand in-8º jésus satiné. — Les cinq livraisons doubles forment UN ATLAS de 40 planches et un volume de texte de 530 à 560 pages. Quatorze volumes sont en vente. On peut se les procurer ensemble ou séparément au même prix que l'abonnement.—Prix : le volume de texte et l'atlas complet, pour Paris..... .... 30 fr.
Pour les départements et l'étranger, le port en sus.

TRAITÉ THÉORIQUE ET PRATIQUE DES MOTEURS HYDRAULIQUES, comprenant la construction des roues et turbines hydrauliques de divers systèmes, par ARMENGAUD aîné, ingénieur. — Un volume de texte in-4º de 500 pages, avec *un grand nombre de gravures sur bois* et UN ATLAS de *21 planches* gravées sur cuivre. — Prix, broché, pour Paris..................... 25 fr.

A partir du 1er janvier 1863, prix. 30 fr.

TRAITÉ THÉORIQUE ET PRATIQUE DES MOTEURS A VAPEUR, comprenant l'établissement des générateurs; l'étude complète des moteurs à vapeur fixes de tous les systèmes, des locomobiles, des locomotives et des appareils de navigation, par ARMENGAUD aîné, ingénieur. — Deux volumes de 500 pages de texte chacun, avec *un grand nombre de gravures sur bois,* et deux volumes ATLAS de *25 planches* chacun,

gravées sur cuivre. — Prix de chaque volume, broché, pour Paris........ 25 fr.
A partir du 1er janvier 1863... 30 fr.
Département, port en sus.

LE GÉNIE INDUSTRIEL, revue des inventions françaises et étrangères, annales des progrès de l'industrie agricole et manufacturière. Technologie, mécanique, chemins de fer, navigation, chimie, agriculture, mines, travaux publics et arts divers, par ARMENGAUD frères, ingénieurs à Paris. — Ce recueil date de janvier 1851, et paraît tous les mois par brochure de 56 à 64 pages de texte avec figures sur bois et planches gravées sur cuivre; il forme à la fin de chaque année deux beaux volumes in-8º. — Onze années, soit vingt-deux volumes, sont en vente. On peut se les procurer, ensemble ou séparément, au même prix que l'abonnement. — Prix :

Un an.
Paris............... 16 fr.
Départements........ 20

NOUVEAU COURS RAISONNÉ DE DESSIN INDUSTRIEL appliqué principalement à la mécanique et à l'architecture, par ARMENGAUD frères et AMOUROUX. — L'ouvrage est composé d'un atlas de 45 planches gravées sur cuivre, imprimées sur papier in-folio, et d'un volume de texte explicatif très-étendu, avec règles et données pratiques, format grand in-8º jésus, — Prix, broché, pour Paris........ 25 fr.

ÉTUDES COMPLÈTES D'OMBRES ET DE LAVIS appliquées au dessin des machines, par ARMENGAUD frères, ingénieurs à Paris. — Recueil méthodique de planches teintées, coloriées et lavées à l'effet. Ouvrage composé de 12 planches gravées avec soin, tirées sur magnifique papier in-folio, et accompagné d'un texte de même format. — Prix...................... 15 fr.

COURS ÉLÉMENTAIRE DE DESSIN LINÉAIRE à l'usage des écoles primaires, atlas de 28 planches gravées sur acier avec texte explicatif. — Prix, broché........ 7 fr.